中华人民共和国船员条例

中国法制出版社

目　　录

中华人民共和国国务院令（第764号） ……… （1）

国务院关于修改和废止部分行政法规的决定

（节录）……………………………………（2）

中华人民共和国船员条例 ………………………（4）

中华人民共和国国务院令

第 764 号

现公布《国务院关于修改和废止部分行政法规的决定》，自公布之日起施行。

总理　李强

2023 年 7 月 20 日

国务院关于修改和废止部分行政法规的决定（节录）

为贯彻实施新修订的《中华人民共和国行政处罚法》，推进严格规范公正文明执法，优化法治化营商环境，并落实修改后的《中华人民共和国人口与计划生育法》等法律，国务院对涉及的行政法规进行了清理。经过清理，国务院决定：

一、对14部行政法规的部分条款予以修改。

二、废止《产品质量监督试行办法》（1985年3月7日国务院批准 1985年3月15日国家标准局发布 根据2011年1月8日《国务院关于废止和修改部分行政法规的决定》修订）。

本决定自公布之日起施行。

附件：国务院决定修改的行政法规

附件

国务院决定修改的行政法规

……

七、删去《中华人民共和国船员条例》第四十九条中的"船员适任证书"、第五十三条第一项中的"证书"。

删去第五十一条。

第五十五条改为第五十四条,删去第一项。

……

此外,对相关行政法规中的条文序号作相应调整。

中华人民共和国船员条例

（2007年4月14日中华人民共和国国务院令第494号公布 根据2013年7月18日《国务院关于废止和修改部分行政法规的决定》第一次修订 根据2013年12月7日《国务院关于修改部分行政法规的决定》第二次修订 根据2014年7月29日《国务院关于修改部分行政法规的决定》第三次修订 根据2017年3月1日《国务院关于修改和废止部分行政法规的决定》第四次修订 根据2019年3月2日《国务院关于修改部分行政法规的决定》第五次修订 根据2020年3月27日《国务院关于修改和废止部分行政法规的决定》第六次修订 根据2023年7月20日《国务院关于修改和废止部分行政法规的决定》第七次修订）

第一章 总 则

第一条 为了加强船员管理，提高船员素质，维护船员的合法权益，保障水上交通安全，保护水域环境，制定本条例。

第二条 中华人民共和国境内的船员注册、任职、培训、职业保障以及提供船员服务等活动，适用本条例。

第三条 国务院交通主管部门主管全国船员管理工作。

国家海事管理机构依照本条例负责统一实施船员管理工作。

负责管理中央管辖水域的海事管理机构和负责管理其他水域的地方海事管理机构（以下统称海事管理机构），依照各自职责具体负责船员管理工作。

第二章 船员注册和任职资格

第四条 本条例所称船员，是指依照本条例的规定取得船员适任证书的人员，包括船长、高级船员、普通船员。

本条例所称船长，是指依照本条例的规定取得船长任职资格，负责管理和指挥船舶的人员。

本条例所称高级船员，是指依照本条例的规定取得相应任职资格的大副、二副、三副、轮机长、大管轮、二管轮、三管轮、通信人员以及其他在船舶上任职的高级技术或者管理人员。

本条例所称普通船员，是指除船长、高级船员外的其他船员。

第五条 船员应当依照本条例的规定取得相应的船员适任证书。

申请船员适任证书，应当具备下列条件：

（一）年满18周岁（在船实习、见习人员年满16周岁）且初次申请不超过60周岁；

（二）符合船员任职岗位健康要求；

（三）经过船员基本安全培训。

参加航行和轮机值班的船员还应当经过相应的船员适任培训、特殊培训，具备相应的船员任职资历，并且任职表现和安全记录良好。

国际航行船舶的船员申请适任证书的,还应当通过船员专业外语考试。

第六条 申请船员适任证书,可以向任何有相应船员适任证书签发权限的海事管理机构提出书面申请,并附送申请人符合本条例第五条规定条件的证明材料。对符合规定条件并通过国家海事管理机构组织的船员任职考试的,海事管理机构应当发给相应的船员适任证书及船员服务簿。

第七条 船员适任证书应当注明船员适任的航区(线)、船舶类别和等级、职务以及有效期限等事项。

参加航行和轮机值班的船员适任证书的有效期不超过5年。

船员服务簿应当载明船员的姓名、住所、联系人、联系方式、履职情况以及其他有关事项。

船员服务簿记载的事项发生变更的,船员应当向海事管理机构办理变更手续。

第八条 中国籍船舶的船长应当由中国籍船员担任。

第九条 中国籍船舶在境外遇有不可抗力或者其他特殊情况,无法满足船舶最低安全配员要求,需要由本船下一级船员临时担任上一级职务时，应当向海事管理机构提出申请。海事管理机构根据拟担任上一级船员职务船员的任职资历、任职表现和安全记录，出具相应的证明文件。

第十条 曾经在军用船舶、渔业船舶上工作的人员，或者持有其他国家、地区船员适任证书的船员，依照本条例的规定申请船员适任证书的，海事管理机构可以免除船员培训和考试的相应内容。具体办法由国务院交通主管部门另行规定。

第十一条 以海员身份出入国境和在国外船舶上从事工作的中国籍船员，应当向国家海事管理机构指定的海事管理机构申请中华人民共和国海员证。

申请中华人民共和国海员证，应当符合下列条件：

（一）是中华人民共和国公民；

（二）持有国际航行船舶船员适任证书或者有确定的船员出境任务；

（三）无法律、行政法规规定禁止出境的情形。

第十二条 海事管理机构应当自受理申请之日起7日内做出批准或者不予批准的决定。予以批准的，发给中华人民共和国海员证；不予批准的，应当书面通知申请人并说明理由。

第十三条 中华人民共和国海员证是中国籍船员在境外执行任务时表明其中华人民共和国公民身份的证件。中华人民共和国海员证遗失、被盗或者损毁的，应当向海事管理机构申请补发。船员在境外的，应当向中华人民共和国驻外使馆、领馆申请补发。

中华人民共和国海员证的有效期不超过5年。

第十四条 持有中华人民共和国海员证的船员，在其他国家、地区享有按照当地法律、有关国际条约以及中华人民共和国与有关国家签订的海运或者航运协定规定的权利和通行便利。

第十五条 在中国籍船舶上工作的外国籍船员，应当依照法律、行政法规和国家其他有关规定取得就业许可，并持有国务院交通主管部门规定的相应证书和其所属国政府签发的相关身份证件。

在中华人民共和国管辖水域航行、停泊、作业的外国籍船舶上任职的外国籍船员，应当持有中华人民共和国缔结或者加入的国际条约规定的相应证书和其所属国政府签发的相关身份证件。

第三章 船员职责

第十六条 船员在船工作期间，应当符合下列要求：

（一）携带本条例规定的有效证件；

（二）掌握船舶的适航状况和航线的通航保障情况，以及有关航区气象、海况等必要的信息；

（三）遵守船舶的管理制度和值班规定，按照水上交通安全和防治船舶污染的操作规则操纵、控制和管理船舶，如实填写有关船舶法定文书，不得隐匿、篡改或者销毁有关船舶法定证书、文书；

（四）参加船舶应急训练、演习，按照船舶应急部署的要求，落实各项应急预防措施；

（五）遵守船舶报告制度，发现或者发生险情、事故、保安事件或者影响航行安全的情况，应当及时报告；

（六）在不严重危及自身安全的情况下，尽力救助遇险人员；

（七）不得利用船舶私载旅客、货物，不得携带违禁物品。

第十七条　船长在其职权范围内发布的命令，船舶上所有人员必须执行。

高级船员应当组织下属船员执行船长命令，督促下属船员履行职责。

第十八条　船长管理和指挥船舶时，应当符合下列要求：

（一）保证船舶和船员携带符合法定要求的证书、文书以及有关航行资料；

（二）制订船舶应急计划并保证其有效实施；

（三）保证船舶和船员在开航时处于适航、适任状态，按照规定保障船舶的最低安全配员，保证船舶的正常值班；

（四）执行海事管理机构有关水上交通安全和防治船舶污染的指令，船舶发生水上交通事故或者污染事故的，向海事管理机构提交事故报告；

（五）对本船船员进行日常训练和考核，在本船船员的船员服务簿内如实记载船员的履职情况；

（六）船舶进港、出港、靠泊、离泊，通过交通密集区、危险航区等区域，或者遇有恶劣天气和海况，或者发生水上交通事故、船舶污染事故、船舶保安事件以及其他紧急情况时，应当在驾驶台值班，必要时应当直接指挥船舶；

（七）保障船舶上人员和临时上船人员的安全；

（八）船舶发生事故，危及船舶上人员和财产安全时，应当组织船员和船舶上其他人员尽力施救；

（九）弃船时，应当采取一切措施，首先组织旅客安全离船，然后安排船员离船，船长应当最后离船，在离船前，船长应当指挥船员尽力抢救航海日志、机舱日志、油类记录簿、无线电台日志、本航次使用过的航行图和文件，以及贵重物品、邮件和现金。

第十九条　船长、高级船员在航次中，不得擅自辞职、离职或者中止职务。

第二十条　船长在保障水上人身与财产安全、船舶保安、防治船舶污染水域方面，具有独立决定权，并负有最终责任。

船长为履行职责，可以行使下列权力：

（一）决定船舶的航次计划，对不具备船舶安全航行条件的，可以拒绝开航或者续航；

（二）对船员用人单位或者船舶所有人下达的违

法指令，或者可能危及有关人员、财产和船舶安全或者可能造成水域环境污染的指令，可以拒绝执行；

（三）发现引航员的操纵指令可能对船舶航行安全构成威胁或者可能造成水域环境污染时，应当及时纠正、制止，必要时可以要求更换引航员；

（四）当船舶遇险并严重危及船舶上人员的生命安全时，船长可以决定撤离船舶；

（五）在船舶的沉没、毁灭不可避免的情况下，船长可以决定弃船，但是，除紧急情况外，应当报经船舶所有人同意；

（六）对不称职的船员，可以责令其离岗。

船舶在海上航行时，船长为保障船舶上人员和船舶的安全，可以依照法律的规定对在船舶上进行违法、犯罪活动的人采取禁闭或者其他必要措施。

第四章　船员职业保障

第二十一条　船员用人单位和船员应当按照国家有关规定参加工伤保险、医疗保险、养老保险、失业保险以及其他社会保险，并依法按时足额缴纳各项保险费用。

船员用人单位应当为在驶往或者驶经战区、疫区或者运输有毒、有害物质的船舶上工作的船员，办理专门的人身、健康保险，并提供相应的防护措施。

第二十二条　船舶上船员生活和工作的场所，应当符合国家船舶检验规范中有关船员生活环境、作业安全和防护的要求。

船员用人单位应当为船员提供必要的生活用品、防护用品、医疗用品，建立船员健康档案，并为船员定期进行健康检查，防治职业疾病。

船员在船工作期间患病或者受伤的，船员用人单位应当及时给予救治；船员失踪或者死亡的，船员用人单位应当及时做好相应的善后工作。

第二十三条　船员用人单位应当依照有关劳动合同的法律、法规和中华人民共和国缔结或者加入的有关船员劳动与社会保障国际条约的规定，与船员订立劳动合同。

船员用人单位不得招用未取得本条例规定证件的人员上船工作。

第二十四条　船员工会组织应当加强对船员合法

权益的保护，指导、帮助船员与船员用人单位订立劳动合同。

第二十五条 船员用人单位应当根据船员职业的风险性、艰苦性、流动性等因素，向船员支付合理的工资，并按时足额发放给船员。任何单位和个人不得克扣船员的工资。

船员用人单位应当向在劳动合同有效期内的待派船员，支付不低于船员用人单位所在地人民政府公布的最低工资。

第二十六条 船员在船工作时间应当符合国务院交通主管部门规定的标准，不得疲劳值班。

船员除享有国家法定节假日的假期外，还享有在船舶上每工作2个月不少于5日的年休假。

船员用人单位应当在船员年休假期间，向其支付不低于该船员在船工作期间平均工资的报酬。

第二十七条 船员在船工作期间，有下列情形之一的，可以要求遣返：

（一）船员的劳动合同终止或者依法解除的；

（二）船员不具备履行船上岗位职责能力的；

（三）船舶灭失的；

（四）未经船员同意，船舶驶往战区、疫区的；

（五）由于破产、变卖船舶、改变船舶登记或者其他原因，船员用人单位、船舶所有人不能继续履行对船员的法定或者约定义务的。

第二十八条　船员可以从下列地点中选择遣返地点：

（一）船员接受招用的地点或者上船任职的地点；

（二）船员的居住地、户籍所在地或者船籍登记国；

（三）船员与船员用人单位或者船舶所有人约定的地点。

第二十九条　船员的遣返费用由船员用人单位支付。遣返费用包括船员乘坐交通工具的费用、旅途中合理的食宿及医疗费用和30公斤行李的运输费用。

第三十条　船员的遣返权利受到侵害的，船员当时所在地民政部门或者中华人民共和国驻境外领事机构，应当向船员提供援助；必要时，可以直接安排船员遣返。民政部门或者中华人民共和国驻境外领事机构为船员遣返所垫付的费用，船员用人单位应当及时返还。

第五章 船员培训和船员服务

第三十一条 申请在船舶上工作的船员，应当按照国务院交通主管部门的规定，完成相应的船员基本安全培训、船员适任培训。

在危险品船、客船等特殊船舶上工作的船员，还应当完成相应的特殊培训。

第三十二条 依法设立的培训机构从事船员培训，应当符合下列条件：

（一）有符合船员培训要求的场地、设施和设备；

（二）有与船员培训相适应的教学人员、管理人员；

（三）有健全的船员培训管理制度、安全防护制度；

（四）有符合国务院交通主管部门规定的船员培训质量控制体系。

第三十三条 依法设立的培训机构从事船员培训业务，应当向国家海事管理机构提出申请，并附送符合本条例第三十二条规定条件的证明材料。

国家海事管理机构应当自受理申请之日起 30 日内，做出批准或者不予批准的决定。予以批准的，发给船员培训许可证；不予批准的，书面通知申请人并说明理由。

第三十四条　从事船员培训业务的机构，应当按照国务院交通主管部门规定的船员培训大纲和水上交通安全、防治船舶污染、船舶保安等要求，在核定的范围内开展船员培训，确保船员培训质量。

第三十五条　从事向中国籍船舶派遣船员业务的机构，应当按照《中华人民共和国劳动合同法》的规定取得劳务派遣许可。

第三十六条　从事代理船员办理申请培训、考试、申领证书（包括外国海洋船舶船员证书）等有关手续，代理船员用人单位管理船员事务，提供船舶配员等船员服务业务的机构（以下简称船员服务机构）应当建立船员档案，加强船舶配员管理，掌握船员的培训、任职资历、安全记录、健康状况等情况并将上述情况定期报监管机构备案。关于船员劳务派遣业务的信息报劳动保障行政部门备案，关于其他业务的信息报海事管理机构备案。

船员用人单位直接招用船员的,应当遵守前款的规定。

第三十七条 船员服务机构应当向社会公布服务项目和收费标准。

第三十八条 船员服务机构为船员提供服务,应当诚实守信,不得提供虚假信息,不得损害船员的合法权益。

第三十九条 船员服务机构为船员用人单位提供船舶配员服务,应当按照相关法律、行政法规的规定订立合同。

船员服务机构为船员用人单位提供的船员受伤、失踪或者死亡的,船员服务机构应当配合船员用人单位做好善后工作。

第六章 监督检查

第四十条 海事管理机构应当建立健全船员管理的监督检查制度,重点加强对船员注册、任职资格、履行职责、安全记录,船员培训机构培训质量,船员服务机构诚实守信以及船员用人单位保护船员合法权益等情况的监督检查，督促船员用人单位、船舶所有人以及相关的机构建立健全船员在船舶上的人身安全、卫生、健康和劳动安全保障制度，落实相应的保障措施。

第四十一条 海事管理机构对船员实施监督检查时，应当查验船员必须携带的证件的有效性，检查船员履行职责的情况，必要时可以进行现场考核。

第四十二条 依照本条例的规定，取得船员适任证书、中华人民共和国海员证的船员以及取得从事船员培训业务许可的机构，不再具备规定条件的，由海事管理机构责令限期改正；拒不改正或者无法改正的，海事管理机构应当撤销相应的行政许可决定，并依法办理有关行政许可的注销手续。

第四十三条 海事管理机构对有违反水上交通安全和防治船舶污染水域法律、行政法规行为的船员，除依法给予行政处罚外，实行累计记分制度。海事管理机构对累计记分达到规定分值的船员，应当扣留船员适任证书，责令其参加水上交通安全、防治船舶污染等有关法律、行政法规的培训并进行相应的考试；考试合格的，发还其船员适任证书。

第四十四条 船舶违反本条例和有关法律、行政法规规定的，海事管理机构应当责令限期改正；在规定期限内未能改正的，海事管理机构可以禁止船舶离港或者限制船舶航行、停泊、作业。

第四十五条 海事管理机构实施监督检查时，应当有2名以上执法人员参加，并出示有效的执法证件。

海事管理机构实施监督检查，可以询问当事人，向有关单位或者个人了解情况，查阅、复制有关资料，并保守被调查单位或者个人的商业秘密。

接受海事管理机构监督检查的有关单位或者个人，应当如实提供有关资料或者情况。

第四十六条 海事管理机构应当公开管理事项、办事程序、举报电话号码、通信地址、电子邮件信箱等信息，自觉接受社会的监督。

第四十七条 劳动保障行政部门应当加强对船员用人单位遵守劳动和社会保障的法律、法规和国家其他有关规定情况的监督检查。

海事管理机构在日常监管中发现船员用人单位或者船员服务机构存在违反劳动和社会保障法律、行政法规规定的行为的，应当及时通报劳动保障行政部门。

第七章 法律责任

第四十八条 违反本条例的规定，以欺骗、贿赂等不正当手段取得船员适任证书、船员培训合格证书、中华人民共和国海员证的，由海事管理机构吊销有关证件，并处2000元以上2万元以下罚款。

第四十九条 违反本条例的规定，伪造、变造或者买卖船员服务簿、船员培训合格证书、中华人民共和国海员证的，由海事管理机构收缴有关证件，处2万元以上10万元以下罚款，有违法所得的，还应当没收违法所得。

第五十条 违反本条例的规定，船员服务簿记载的事项发生变更，船员未办理变更手续的，由海事管理机构责令改正，可以处1000元以下罚款。

第五十一条 违反本条例的规定，船员有下列情形之一的，由海事管理机构处1000元以上1万元以下罚款；情节严重的，并给予暂扣船员适任证书6个月以上2年以下直至吊销船员适任证书的处罚：

（一）未遵守值班规定擅自离开工作岗位的；

(二) 未按照水上交通安全和防治船舶污染操作规则操纵、控制和管理船舶的；

(三) 发现或者发生险情、事故、保安事件或者影响航行安全的情况未及时报告的；

(四) 未如实填写或者记载有关船舶、船员法定文书的；

(五) 隐匿、篡改或者销毁有关船舶、船员法定证书、文书的；

(六) 不依法履行救助义务或者肇事逃逸的；

(七) 利用船舶私载旅客、货物或者携带违禁物品的。

第五十二条 违反本条例的规定，船长有下列情形之一的，由海事管理机构处2000元以上2万元以下罚款；情节严重的，并给予暂扣船员适任证书6个月以上2年以下直至吊销船员适任证书的处罚：

(一) 未保证船舶和船员携带符合法定要求的文书以及有关航行资料的；

(二) 未保证船舶和船员在开航时处于适航、适任状态，或者未按照规定保障船舶的最低安全配员，或者未保证船舶的正常值班的；

（三）未在船员服务簿内如实记载船员的履职情况的；

（四）船舶进港、出港、靠泊、离泊，通过交通密集区、危险航区等区域，或者遇有恶劣天气和海况，或者发生水上交通事故、船舶污染事故、船舶保安事件以及其他紧急情况时，未在驾驶台值班的；

（五）在弃船或者撤离船舶时未最后离船的。

第五十三条 船员适任证书被吊销的，自被吊销之日起2年内，不得申请船员适任证书。

第五十四条 违反本条例的规定，船员用人单位、船舶所有人有下列行为之一的，由海事管理机构责令改正，处3万元以上15万元以下罚款：

（一）中国籍船舶擅自招用外国籍船员担任船长的；

（二）船员在船舶上生活和工作的场所不符合国家船舶检验规范中有关船员生活环境、作业安全和防护要求的；

（三）不履行遣返义务的；

（四）船员在船工作期间患病或者受伤，未及时给予救治的。

第五十五条 违反本条例的规定,未取得船员培训许可证擅自从事船员培训的,由海事管理机构责令改正,处5万元以上25万元以下罚款,有违法所得的,还应当没收违法所得。

第五十六条 违反本条例的规定,船员培训机构不按照国务院交通主管部门规定的培训大纲和水上交通安全、防治船舶污染等要求,进行培训的,由海事管理机构责令改正,可以处2万元以上10万元以下罚款;情节严重的,给予暂扣船员培训许可证6个月以上2年以下直至吊销船员培训许可证的处罚。

第五十七条 违反本条例的规定,船员服务机构和船员用人单位未将其招用或者管理的船员的有关情况定期报海事管理机构或者劳动保障行政部门备案的,由海事管理机构或者劳动保障行政部门责令改正,处5000元以上2万元以下罚款。

第五十八条 违反本条例的规定,船员服务机构在提供船员服务时,提供虚假信息,欺诈船员的,由海事管理机构或者劳动保障行政部门依据职责责令改正,处3万元以上15万元以下罚款;情节严重的,并给予暂停船员服务6个月以上2年以下直至吊销相关业务经营许可的处罚。

第五十九条 违反本条例规定,船员服务机构从事船员劳务派遣业务时未依法与相关劳动者或者船员用人单位订立合同的,由劳动保障行政部门按照相关劳动法律、行政法规的规定处罚。

第六十条 海事管理机构工作人员有下列情形之一的,依法给予处分:

(一)违反规定签发船员适任证书、中华人民共和国海员证,或者违反规定批准船员培训机构从事相关活动的;

(二)不依法履行监督检查职责的;

(三)不依法实施行政强制或者行政处罚的;

(四)滥用职权、玩忽职守的其他行为。

第六十一条 违反本条例的规定,情节严重,构成犯罪的,依法追究刑事责任。

第八章 附 则

第六十二条 申请参加取得船员适任证书考试,应当按照国家有关规定交纳考试费用。

第六十三条 引航员的培训依照本条例有关船员培训的规定执行。引航员管理的具体办法由国务院交通主管部门制订。

第六十四条 军用船舶船员的管理，按照国家和军队有关规定执行。

渔业船员的管理由国务院渔业行政主管部门负责，具体管理办法由国务院渔业行政主管部门参照本条例另行规定。

第六十五条 除本条例对船员用人单位及船员的劳动和社会保障有特别规定外，船员用人单位及船员应当执行有关劳动和社会保障的法律、行政法规以及国家有关规定。

船员专业技术职称的取得和专业技术职务的聘任工作，按照国家有关规定实施。

第六十六条 本条例自 2007 年 9 月 1 日起施行。

中华人民共和国船员条例
ZHONGHUA RENMIN GONGHEGUO CHUANYUAN TIAOLI

经销/新华书店
印刷/保定市中画美凯印刷有限公司

开本/850 毫米×1168 毫米　32 开	印张/1　字数/11 千
版次/2023 年 12 月第 1 版	2023 年 12 月第 1 次印刷

中国法制出版社出版
书号 ISBN 978-7-5216-4027-4　　　　　　　　定价：5.00 元

北京市西城区西便门西里甲 16 号西便门办公区
邮政编码：100053　　　　　　　　传真：010-63141600
网址：http：//www.zgfzs.com　　**编辑部电话：010-63141663**
市场营销部电话：010-63141612　　**印务部电话：010-63141606**

（如有印装质量问题，请与本社印务部联系。）